Reise durch

BUDAPEST

Bilder von

János Kalmár

Texte von

Georg Schwikart

Stürtz

INHALT

Erste Seite:
Zuschauer bei einem Länderspiel. Der in Budapest geborene Rabbiner Joel Berger erinnert sich: „Zum Fußball sind die Ungarn in den 40er Jahren gekommen, in einer Zeit, als die Lage aussichtslos war. So war es auch nach dem Krieg unter den Kommunisten." – Die Begeisterung hält auch in der Freiheit an.

Vorherige Seite:
Das Parlamentsgebäude erstreckt sich entlang des Donauufers auf der Pester Seite. Es sollte ein Gegengewicht zur könig-

lichen Burg in Buda bilden, andererseits aber auch die Bedeutung der Donau für das Stadtbild hervorheben.

Unten:
Ausflügler beim Gedenkkreuz des ehemaligen Klosters im Stadtwäldchen (Városliget). Der Park wurde um 1810 angelegt und ist ein beliebtes Naherholungsgebiet. Es nimmt eine Fläche von 1,2 Quadratkilometern ein und war einst eine sumpfige Hügellandschaft.

Seite 10/11:
Wie eine Moschee mutet das Elefantenhaus des Tiergartens an. Insgesamt hat der Budapester Zoo seit seiner Eröffnung 100 Millionen Besucher empfangen. Heute sind es jährlich etwa eine Million. Damit ist er die meistbesuchte Kultureinrichtung Ungarns. Hier leben über 4000 Tiere aus 500 Arten, sowie etwa 2000 Pflanzenarten.

B U D A P E S T –

„Budapest gehört, wie jeder weiß, zu den schönsten Städten Europas", fand der österreichische Schriftsteller Heimito von Doderer, und wer könnte ihm widersprechen? – Blick vom Königspalast in Richtung Pest: Kettenbrücke, Gresham-Palast und Dom.

Hauptstadt Mitteleuropas" hat man Budapest einst genannt, auch „Donaukönigin" oder „Perle an der Donau". Um den Ehrentitel „Paris des Ostens" rang Budapest mit dem rumänischen Bukarest; die Bezeichnung „Kleine Schwester Wiens" ist wohl unumstritten. Für Thomas Mann war Budapest „womöglich die eleganteste Stadt Europas"; für viele Ungarn ist sie schlicht „die Stadt", und alles andere ist Provinz.

Budapest mangelt es nicht an Liebhabern aus aller Welt, die von seiner einzigartigen Lage fasziniert sind. Die bewaldeten Hügel und felsigen Höhen auf der Budaer Seite muten noch mitteleuropäisch an. Doch von da blickt man hinab auf die Ebene von Pest mit ihrem Häusermeer, wo sich die scheinbar unendliche Weite der Puszta ankündigt. Dazwischen strömt majestätisch die Donau mit ihren Brücken – dieses Panorama bietet einen unvergleichlichen Anblick, erst recht im nächtlichen Lichterglanz.

Budapest liegt in einem Becken, das von den Karpaten, den Alpen und dem südslawischen Höhenrücken begrenzt ist. Die Donau bildet die Lebensader. Sie durchfließt Budapest auf einer Länge von 28 Kilometern, ist durchschnittlich vierzig Meter breit und fünf bis sechs Meter tief. Der Strom trennt das hügelige Buda vom flachen Pest. Bis in die Mitte des 19. Jahrhunderts verbanden nur Fähren die gegenüberliegenden Ufer; im Sommer behalf man sich mit Brückenkonstruktionen aus aneinander befestigten Booten. Dann ermöglichten modernes Ingenieurwissen und ebensolche Bauverfahren die Errichtung von festen Brücken. Dies war eine Voraussetzung für die Vereinigung der drei ehemals selbstständigen Städte Buda (deutsch: Ofen), Óbuda (Alt-Ofen) und Pest im Jahre 1873. Erst seither ist der Name Budapest gebräuchlich; zuvor sprach man von „Pest-Buda".

Überhaupt: die Brücken von Budapest! Liebeserklärungen und Gedichte sind durch sie inspiriert worden. Neun Brücken verbinden heute die Stadtteile links und rechts der Donau; zwei davon dienen dem Zugverkehr. Die älteste und berühmteste ist die Kettenbrücke (ungarisch: Széchenyi lánchíd). Sie verdankt ihre Errichtung einer Anregung des ungarischen Reformers Graf István Széchenyi, der in einem harten Winter eine Woche lang warten musste, bis er zum Begräbnis seines Vaters ans andere Ufer gelangen konnte. Bei ihrer Einweihung 1849 war sie die erste Donaubrücke flussabwärts von Regensburg. Doch auch Budapests andere Brücken sind sehenswert: etwa die Margaretenbrücke (Margit híd) von 1876 mit ihren eleganten Segmentbögen, oder die Freiheitsbrücke (Szabadság híd), ursprünglich Franz-Joseph-Brücke, von 1896.

Die einzige Budapester Brücke, die nach der Zerstörung im Zweiten Weltkrieg nicht in ihrer ursprünglichen Form wieder aufgebaut wurde, ist die Elisabethbrücke (Erzsébet híd). Diese vierte Brücke Budapests, nach der 1898 ermordeten österreichischen Kaiserin und ungarischen Königin („Sisi") benannt, war von 1898 bis 1903 als Kettenbrücke errichtet worden und zur Bauzeit die längste Brücke dieser Bauart weltweit. Erst 1961 wurde mit dem Neubau der heutigen Elisabethbrücke, einer Stahl-Hängebrücke, begonnen; 1964 wurde sie dem Verkehr übergeben. Mit ihrem schneeweißen Anstrich wirkt sie imposant und filigran zugleich, und, bei Nacht angestrahlt, „wie ein funkelndes Kollier am Hals einer Schönen" (Gábor Kelemen).

Die Brücken haben aus Buda und Pest eine Stadt werden lassen, doch die beiden großen Teile und alle 23 Bezirke haben ihr eigenes Gesicht bewahrt. Sie erstrecken sich über 525 Quadratkilometer; zwei Drittel der Fläche entfallen auf Pest, ein Drittel auf Buda. Die heute achtgrößte Stadt der Europäischen Union schaut auf eine lange und bewegte Geschichte zurück. Sie litt unter dem Hochwasser der Donau, unter Großfeuern und Epidemien, wurde mehrmals zerstört und wieder aufgebaut, von Fremdherrschern besetzt und zurückerobert.

RÖMER, HUNNEN UND ARPADEN

Die offizielle Geschichtsschreibung der Stadt besagt selbstbewusst, vor bereits 500 000 Jahren seien die Höhlen des Budaer Burgbergs von den Vorläufern des Menschen besiedelt gewesen. Nachweisbare Spuren lassen sich zumindest bis in die Jungsteinzeit zurückverfolgen, als sich um 5000 v. Chr. Einwanderer am Donauufer niederlassen. Skythen und Illyrer kommen um 600, die Kelten um 400 vor der Zeitenwende. Die Völker bekämpfen und vermischen sich und können den Sieg der Römer im Jahr 10 v. Chr. nicht aufhalten.

Die Römer gründen um 89 n. Chr. die Stadt Aquincum, die im 2. Jahrhundert beachtliche 30 000 Einwohner zählt. Anfang des 5. Jahrhunderts verdrängen Attilas Hunnen die Römer – bis heute übrigens ist Attila ein beliebter Vorname in Ungarn. Seit der Mitte des 6. Jahrhunderts machen sich die asiatischen Awaren die Siedlungen entlang der Donau zu eigen und beherrschen schließlich Europa von der Ostsee bis zur Wolga. Zwischen 791 und 803 bekämpft der fränkische König (und ab 800 Kaiser) Karl der Große die Awaren und zerstört Anfang des 9. Jahrhunderts ihr Reich.

Im Jahr 896 erobert König Árpád, Stammesfürst der Magyaren, das Land. Den Ungarn gilt dieses Ereignis der „Landnahme“ als Geburtsstunde ihrer Nation. Im Jahr 1000 wird Stephan I. (ungarisch: István) aus dem Geschlecht der Arpaden durch einen Gesandten des Papstes Silvester II. zum ersten König gekrönt. Er fördert die Ausbreitung des Christentums und ruft dafür den Missionar Bischof Gerhardus (ungarisch: Gellért; eigentlich: Giorgio di Sagredo) in sein Reich. Heiden stoßen ihn 1046 vom später nach ihm benannten Gellértberg in die Donau. Stephan und Gellért werden 1083 heiliggesprochen.

1061 wird erstmals die Stadt Pest urkundlich erwähnt, die Anlegestelle der Fähre auf der Buda gegenüberliegenden Flussseite. 1241 werden Pest und Buda im Mongolensturm zerstört; anschließend baut man die Städte wieder auf und errichtet in Buda die Burg; von 1361 bis 1541 ist Buda Hauptstadt des Königreichs Ungarn. Eine Periode wirtschaftlichen und kulturellen Aufschwungs setzt ein. Ihre Blüte erreicht die Entwicklung unter König Matthias Corvinus (ungarisch: Hunyadi Mátyás, 1443–1490), einem kunstsinnigen Renaissancekönig. Seine Bibliotheca Corviniana ist zu ihrer Zeit die größte Sammlung wissenschaftlicher und philosophischer Schriften.

UNGARN UNTER TÜRKISCHER HERRSCHAFT

Seit der Eroberung Belgrads 1521 streben die Osmanen danach, ihr Reich nach Nordwesten zu vergrößern. Schon 1526 folgt der Feldzug nach Ungarn. Ihr Sieg in der Schlacht von Mohács unter Süleyman I. zwingt Ungarn für 150 Jahre unter ihre Herrschaft. Über 20 000 ungarische Soldaten sterben in der

Das bedeutendste klassizistische Gebäude Ungarns ist das Nationalmuseum. Es wurde 1837 bis 1847 errichtet. Die Front wird von einem Portikus beherrscht, dessen acht korinthische Säulen sich über einer mächtigen Freitreppe erheben. Studierende sonnen sich gerne auf ihren Stufen.

Schlacht; auch der ungarische König Ludwig kommt ums Leben. Da er kinderlos ist, fallen Böhmen und Ungarn an den habsburgischen Kaiser Ferdinand I. So wird die Schlacht von Mohács zur Geburtsstunde der Donaumonarchie. Die Sklavenpreise im Osmanischen Reich fallen nach der Eroberung Ungarns förmlich ins Bodenlose, da die Osmanen über 100 000 Ungarn, vor allem Frauen und Kinder, in die Sklaverei verschleppen. Buda wird geplündert und gebrandschatzt. Sultan Süleyman I. „der Prächtige" besetzt 1529 die Stadt; er lässt Befestigungen, Bäder und eine islamische Hochschule (Medrese) errichten. Sämtliche Kirchen werden zu Moscheen umgebaut.

1686 kann ein deutsch-österreichisches Heer unter Karl V. von Lothringen die Türken vertreiben. Viele deutsche Handwerker und Händler lassen sich nieder. Die Städte wachsen; als Reverenz an Kaiserin Maria Theresia und ihren auf den Thron nachfolgenden Sohn Joseph II. nennt man die neuen Stadtteile Theresien- und Josephstadt.

VON DER MONARCHIE ZUM KOMMUNISMUS

Im Jahr 1809 flieht das österreichische Kaiserhaus vor dem heranrückenden Heer Napoleons von Wien nach Buda. Napoleon bietet den Ungarn die Unabhängigkeit an, doch sie entscheiden sich für die Habsburger. Allerdings erheben sie sich ein paar Jahrzehnte später, 1848, gegen die österreichische Herrschaft. Die Habsburger schlagen mit Hilfe des russischen Zaren die Revolution nieder. Mit dem österreichisch-ungarischen Ausgleich im Jahr 1867 kehrt Frieden ein. Franz Joseph I. und seine Gattin Elisabeth („Sisi") werden in der Matthiaskirche zum Königspaar von Ungarn gekrönt. Als Geschenk erhalten sie das kleine Schloss Gödöllö nahe Budapest, wo sich die Königin fortan lieber aufhält als in Wien.

Im Jahr 1873 werden die längst miteinander verwobenen Städte Buda, Óbuda und Pest vereinigt; Budapest zählt fast 300 000 Menschen.

Der Heldenplatz mit dem Millenniumsdenkmal wurde 1896 anlässlich der Jahrtausendfeier der magyarischen Landnahme angelegt. Zwischen den Säulen der halbkreisförmigen Kolonnade sind Standbilder von Herrschern und bedeutenden historischen Gestalten Ungarns aufgestellt.

Weniger als 30 Jahre später – im Jahr 1900 – hat sich die Einwohnerzahl bereits um 150 Prozent auf etwa 770 000 erhöht. Das macht Budapest zur am schnellsten wachsenden Stadt Europas. In diesen Jahrzehnten verändert ein Bauboom die Stadt: Straßen, Wohnhäuser, Schulen und Theater entstehen in rasendem Tempo. 1896 nimmt in Budapest – anlässlich der Millenniumsfeiern zur tausendjährigen Landnahme der Ungarn – die zweite U-Bahn Europas nach der Londoner Underground ihren Betrieb auf. 1909 folgt der Flughafen Rákos (heute Kóbánya). Ab 1904 tagt das ungarische Parlament im prunkvollen Gebäude auf der Pester Seite.

In beiden Weltkriegen unterstützt Ungarn die deutsche Seite. Als sich das Land 1944 aus dem Krieg zurückziehen will, besetzen es die Deutschen. Die Rote Armee rückt im Frühjahr 1945 an. Um sie aufzuhalten, sprengen die Deutschen alle Donaubrücken. Als Strafe für die langjährige Kollaboration mit Deutschland setzt Stalin in Budapest besonders linientreue Kommunisten als Regierung ein. Gegen diese begehren die Ungarn am 23. Oktober 1956 in einem Volksaufstand auf; sowjetische Panzer schlagen ihn nieder.

DAS ENDE DER SOZIALISTISCHEN ÄRA

Ab den siebziger Jahren weht ein liberalerer Geist durchs Land, der „Gulyás-Kommunismus", der eine bescheidene Privatwirtschaft zulässt. Im Herbst 1989 erlaubt die Regierung in Budapest DDR-Bürgern, die sich in die dortige Botschaft der Bundesrepublik geflüchtet haben, die Ausreise in den Westen. Damit ist der erste Stein aus der „Mauer" gebrochen, die wenig später fällt. Am 23. Oktober 1989 – dem Jahrestag des Volksaufstands von 1956 – wird die Republik ausgerufen; es gibt freie Wahlen, alles strebt Richtung Westen: 1999 feiert man in der ungarischen Hauptstadt den Beitritt zur NATO und 2004 die Aufnahme in die Europäische Union.

Seit dem Ende der sozialistischen Ära befindet sich die Stadt im Umbruch. Die Wirtschaft nimmt Fahrt auf, internationale Firmen investieren, die Zahl der Arbeitslosen sinkt, mit et-

wa 100 000 hat sich die Zahl der Universitätsstudenten seit dem politischen Wechsel verdoppelt. Überall wird renoviert und neu gebaut; immer mehr wohlhabende Ausländer wählen Budapest als Wohnsitz. In Budapest leben 2006 rund 1,7 Millionen Menschen; fast ein Fünftel der Ungarn wohnt in der Hauptstadt. 1990 waren es sogar über 2 Millionen, doch schrumpfte die Bevölkerung in den neunziger Jahren – seit der Öffnung des Eisernen Vorhangs – um gut 200 000 Einwohner.

DONAUMETROPOLE MIT WELTERBE

Budapest zu sehen, lohnt zu jeder Jahreszeit. Die Sommer sind mit rund 28 Grad im August nicht übermäßig heiß, und im Winter fällt die Temperatur nur wenig unter den Gefrierpunkt. Die Luftqualität ist noch verbesserungswürdig, allerdings ist sie heute viel besser als zu sozialistischen Zeiten, als knatternde Zweitakter die Luft verpesteten und der Ausstoß der Kohleheizungen in der kalten Jahreszeit den letzten Sauerstoff zu rauben schien. Dafür rühmt sich Budapest eines besonderen Superlativs im Konzert der Hauptstädte dieser Welt: Budapest, behauptet die Stadtverwaltung, sei als einzige von allen – frei von Ratten!

Die Metropole geizt wahrlich nicht mit Sehenswürdigkeiten aus allen Epochen ihrer bewegten Geschichte: Antike Amphitheater zählen ebenso dazu wie türkische Bäder aus der Zeit der Osmanen, das barocke Burgviertel – UNESCO-Welterbe –, zahlreiche Kirchen und Synagogen; der Burgberg mit der ehemaligen Königlichen Burg, der Matthiaskirche und der neoromanischen Fischerbastei, von der man einen prächtigen Blick auf das Parlament genießt; der Gellértberg mit der Zitadelle und dem 1947 errichteten Freiheitsdenkmal; die Basilika, die Staatsoper, der Zoo …

Die Liste ließe sich noch lang ergänzen, um fast 250 Denkmäler und mehr als 200 Museen und Galerien. Wo anfangen? Im Nationalmuseum zur Geschichte Ungarns, oder im Ethnographischen Museum mit seiner prächtigen Aula? Das Museum für Medizingeschichte, nach dem bekannten Arzt Ignaz Philipp Semmelweis (ungarisch: Semmelweis Ignác Fülöp) benannt, lockt ebenso wie das Kunstgewerbemuseum, ein prächtiges Gebäude aus der Epoche des Jugendstils. Doch sie alle werden von der Nationalgalerie in der Königsburg in den Schatten gestellt. 11 000 Gemälde, 4000 Plastiken, über 6000 zeitgenössische Kunstwerke, nicht zu vergessen 90 000 Graphiken – man könnte sich tagelang in den Gängen und Hallen der Galerie aufhalten.

Jugendstildetail an der Postsparkasse. Für das „Heiligtum des Geldes" ließ sich der Architekt Ödön Lechner fleißige Bienen und Bienenstöcke als Allegorie einfallen. Prachtvollster Teil ist allerdings das Dach. Von den Bauherren gefragt, wer denn die aufwendige Zier sehen solle, lautete die Antwort: „Die Vögel".

HISTORISMUS UND JUGENDSTIL

In der zweiten Hälfte des 19. Jahrhunderts erhielt Budapest durch den Historismus (ein Stil, der sich der Elemente verschiedener historischer Stilrichtungen bedient) das Erscheinungsbild einer europäischen Metropole. So gleicht der 1874 bis 1877 erbaute Westbahnhof (Nyugati pályaudvar) einem Palast; die Pläne für ihn stammten aus dem Pariser Büro des Gustave Eiffel. Im Neorenaissancestil wurde der Ostbahnhof (Keleti pályaudvar) 1881 bis 1884 errichtet. Andere Bauten ahmen antike Tempel nach, mittelalterliche Burgen oder gotische Kirchen. In nur vierzehn Jahren, von 1871 bis 1885, entstand die 2,4 Kilometer lange Andrássy-Straße mit ihren Wohnpalästen im Stil des Historismus.

Und schon treten die Kritiker auf den Plan: Hier sei „alles etwas zu groß, zu großartig geraten für dieses kleine Volk", monierte einst der Reiseschriftsteller Horst Krüger. Ganz Budapest sei „voll von solchen pompösen Prunkbauten nationaler Größe, denen man eine gewisse barocke Schauderhaftigkeit nicht absprechen" könne. Der Literat György Sebestyén sprach vom Budapester Ringen um Bedeutsamkeit, das sich mitunter in „groteskem Ehrgeiz" zeige; der Autor sah die „Metropole im ewigen Streben nach Lebensfülle und zugleich als Kulisse des steten Scheiterns an der eigenen Maßlosigkeit." Solche Urteile müssen den Besucher der Stadt nicht berühren. Er darf einfach nur staunen: über die Schönheit und den Charme – über das Besondere dieses Orts.

Liebhaber des Jugendstils können den Anblick von zahlreichen sezessionistischen Gebäuden genießen, wie etwa der ehemaligen Postsparkasse, dem Kunstgewerbemuseum, dem Hotel Gellért, dem Palais Gresham (heute ein Nobelhotel), dem Eingang zum Zoo, dem ehemaligen Bankhaus Török oder dem winzigen Blumenladen Philantia an der Váci utca. Andere Akzente setzen Häuser im Bauhaus-Stil oder

das erst 2004 vom niederländischen Avantgarde-Architekten Erick van Egeraat errichtete Bankhaus in der Dósza György utca, das an ein schlampig verschnürtes Paket erinnert.

Freilich, auch in Budapest gibt es, wie in jeder Metropole, weniger attraktive Gegenden. Der berühmte Schriftsteller Sándor Márai (1900–1989) vermerkte, diese Stadt habe einen eher erbärmlichen und gewöhnlichen Eindruck auf ihn gemacht. Ganz anders sah es Klaus Mann (1906–1949), der das Vorkriegs-Budapest belustigend fand: „greller Balkan mit Rest altösterreichischer Kultur; smarter Treffpunkt der internationalen Lebewelt, dabei nicht ohne provinziell-idyllische und ehrwürdig-pittoreske Züge; reich an Farben, reich an Gegensätzen, mit krasser Armut neben anrüchiger Eleganz".

Wer nur mal eben zum Konzertbesuch in die Donaumetropole einfliegt, wird ihre Schattenseiten kaum wahrnehmen. Die Zahl der Touristen steigt ständig; 15 Millionen sind es jährlich. Damit steigen allerdings auch die Preise. Das trifft vor allem jene Budapester, die im neuen, kapitalistischen System abgehängt wurden. Fast die Hälfte der Einwohner schlägt sich am Rande des Existenzminimums durch, dazu zählen auch viele der etwa 100 000 Roma, die in der Stadt nicht nur mit finanziellen, sondern auch mit sozialen Problemen zu kämpfen haben.

Jedenfalls wird niemand bestreiten, dass Budapest zu den kulturellen Zentren des ganzen Kontinents zählt. Die namhaften Künstler, die – zumindest vorübergehend – in der Stadt lebten oder dort wirkten, trugen zu ihrem Weltruhm bei, vor allem die Musiker: Franz Liszt, Béla Bartók, Zoltán Kodály, aber auch Franz Lehár oder Emmerich (Imre) Kálmán. Die Vorfahren des „Walzerkönigs" Johann Strauß stammten aus Buda; der österreichische Komponist Gustav Mahler war von 1888 bis 1891 Operndirektor in Budapest. Die weltberühmten Dirigenten Antal Doráti (1906–1988) und Georg Solti (1912–1997) wurden in Budapest geboren. Eingang in die Literaturgeschichte haben beispielsweise Sándor Petöfi, Mór Jókai oder Ferenc Molnár gefunden, der bedeutendste ungarische Dramatiker des 20. Jahrhunderts („Liliom"). Mit Imre Kertész zählt seit 2002 ein gebürtiger Budapester zur Reihe der Literatur-Nobelpreisträger.

In eine stille Welt tritt ein, wer auf den Spuren verstorbener Berühmtheiten über die Budapester Friedhöfe spaziert, deren größte sich weit außerhalb des Zentrums befinden. Auf dem Farkasréti-Friedhof ruhen große Musiker wie Zoltán Kodály und die Pianistin Annie Fischer, und Seite an Seite Béla Bartók

Das Széchenyi-Bad besitzt die tiefsten und mit 75 °C heißesten Thermalquellen Budapests. Die weitläufige und spektakulär palastartige Anlage verfügt über drei Außen- und zwölf Innenbecken mit Temperaturen zwischen 20 °C und 38 °C.

und Sir Georg Solti. Auf dem Friedhof Rákoskeresztúr liegen 1,5 Millionen Verstorbene, darunter auch die Opfer des Aufstands von 1956, die damals verscharrt aber 1989 in Ehren bestattet wurden. Der muslimische Teil dieses Friedhofs und vor allem die jüdischen Friedhöfe – mit ebenfalls etwa einer Million Bestatteten – veranschaulichen die multikulturelle Geschichte Budapests; immerhin ist Ungarn das Land mit einer der größten jüdischen Religionsgemeinschaften Europas.

Wer ermüdet ist von der Erkundung all der Sehenswürdigkeiten, der findet Erholung auf der Margareteninsel inmitten der Donau zwischen Buda und Pest. Das Eiland – 2,5 Kilometer lang und 500 Meter breit – lockt mit ausgedehnten Parks. Zu den Attraktionen zählen Rosengarten und Freilichtbühne, ein Japanischer Garten, ein ehemaliges Kloster und neuerdings ein Wellness-Zentrum. Vor allem aber kann man auf der Insel durch Grünanlagen spazieren, ohne vom Autoverkehr belästigt zu werden. An Sonntagen allerdings zieht es auch die Budapester ins Grüne, dann ist die Margareteninsel dicht bevölkert.

HEISSE QUELLEN UND HEISSER KAFFEE

Einer Budapest-Reise würde etwas Wesentliches fehlen, wenn der Besucher neben dem „Pflichtprogramm“ der Sehenswürdigkeiten zwei Institutionen auslassen würde: In einem der herrlichen Badehäuser taucht er ins Thermalwasser ein, und im Kaffeehaus beschäftigt ihn die Frage, für welche der verlockenden Torten und Kuchen er sich entscheiden soll.

Wer möchte, kann in Budapest reichlich Geld ausgeben: An der Váci utca haben sich mittlerweile viele internationale Markenfirmen niedergelassen, die Mode für jeden Geschmack feilbieten. Echt ungarisch sind die maßgeschneiderten Herrenschuhe aus Pferdeleder. In Basaren lockt allerlei Volkskunst: aufwändige Stickereien und Spitzenarbeiten wie Tischdecken oder Blusen, außerdem Keramik und Gegenstände aus Holz.

In den großen Markthallen – manche stammen noch vom Beginn des 20. Jahrhunderts – kaufen vor allem die Budapester selbst ein. Es bereitet Vergnügen, hier das bunte Treiben zu beobachten und die Vielfalt der Waren zu betrachten. Gemüse oder schlachtfrisches Geflügel eignen sich zwar nicht als Souvenir – und bei der aus Fernost eingeführten Bekleidung oder den Elektroartikeln lohnt es nicht –, doch echte Debrecziner Würste oder die delikate Salami kommen als Mitbringsel gut an. Die Palette unterschiedlicher Paprikapulver (von süß bis scharf) übertrifft die bei uns bekannte weit. Und natürlich lockt auch die Auswahl an guten Weinen.

Weltbekannt und kostspielig ist das Porzellan der Manufakturen Herend und Zsolnay. Antiquitäten findet man in exklusiven Geschäften, doch kann man auch manches Schnäppchen auf den Trödelmärkten entdecken. Das Angebot an deutschsprachigen Büchern, vor allem über Budapest, oder Übersetzungen ungarischer Autoren, ist überraschend vielfältig. Auch CDs eignen sich bestens als Souvenir, ob mit Werken von Bartók oder mit „Zigeunermusik".

Der Abschied von Budapest fällt schwer. Kaum eine andere Weltstadt zeigt so viele Facetten. Hier spürt man den Hauch untergegangener Epochen von der Römerzeit bis zum Stalinismus, aber, seit die Stadt heimgekehrt ist nach Mitteleuropa, auch den frischen Wind der Hoffnung und des Optimismus. Vom Gestern zu dichten und vom Morgen zu träumen, scheint hier leichter zu fallen als anderswo.

Seite 22/23:
Wer diesen golden schimmernden Treppenaufgang durchschreitet, meint, in ein Schloss einzutreten. Die Feststiege führt ins ungarische Parlament, das zu Beginn des 20. Jahrhunderts das überschwängliche Nationalbewusstsein der Ungarn zum Ausdruck brachte.

Seite 24/25:
Die neoromanische Fischerbastei wurde zwischen 1899 und 1905 nahe der Matthiaskirche errichtet. Hier hatte sich im Mittelalter der Fischmarkt von Buda befunden. Davor erhebt sich das Reiterstandbild des Nationalheiligen St. Stephan.

HISTORIE AUF SIEBEN HÜGELN –

Mit dem Bau des Palastes von König Matthias wurde Mitte des 13. Jahrhunderts begonnen. 1526 verloren die Ungarn die Schlacht von Mohács gegen die Türken, die 1541 auch Buda besetzten. Die Schätze des Palasts wanderten nach Istanbul an den Hof des Sultans. Ungarische Truppen konnten die Burg erst 1686 wieder zurückerobern; jedoch wurde ein Großteil bei der Belagerung zerstört. Durch Maria Theresia wurde hier im 18. Jahrhundert ein neuer Palast erbaut.

Keimzelle der Metropole war das römische Aquincum, in dessen Nähe sich später der Ort Óbuda entwickelte, deutsch: „Alt-Ofen“. Südlich davon erstreckt sich das heutige Buda, das etwa ein Drittel der Fläche Budapests ausmacht. Es umfasst sechs der 23 Stadtbezirke und liegt auf sieben Hügeln. Der höchste ist mit 529 Metern der Jánosberg, der „Hausberg“ Budapests, den man bequem per Sessellift oder Zahnradbahn erklimmen kann.

Zentrum Budas ist der Burgberg mit dem Königspalast. In der Altstadt erzählen die hübschen Straßen und Häuser noch ein wenig vom ausgehenden Mittelalter. Besonders die Herrengasse, die da und dort gotische Details bereithält, lohnt einen Spaziergang.

Ein Höhepunkt ist die Matthiaskirche mit ihren bunt glasierten Dachziegeln. Unmittelbar daneben liegt die Fischerbastei; sie wurde erst 1895 im historistischen Stil erbaut – als perfekter Aussichtspunkt über die Stadt. Vor allem bei Nacht kann man ins Schwärmen geraten, wenn sich die Lichter der Brücken in den Donauwellen spiegeln. Das benachbarte Hotel Hilton entstand in den siebziger Jahren des 20. Jahrhunderts; ein architektonisches Wagnis, kombinierte man doch die Reste eines Dominikanerklosters mit modernen Gebäudeteilen.

Auf dem Gellértberg erinnert ein Denkmal an Bischof Gellért, der als Märtyrer verehrt wird. Mit der Zitadelle, von den Österreichern nach dem niedergeworfenen Aufstand 1848/49 erbaut, sollten die Ungarn symbolisch in Schach gehalten werden – 60 Kanonen waren auf Budapest gerichtet, stets schussbereit. Das Freiheitsdenkmal pries ursprünglich die sowjetischen Befreier. Doch nach dem Aufstand 1956 kühlte das Verhältnis merklich ab. Seit 1989 verstehen es die Ungarn anders, nämlich als Symbol ihrer Souveränität und Unabhängigkeit.

BUDA MIT BURGBERG UND ALTSTADT

Rechts:
Verkehrsmittel der besonderen Art: eine Standseilbahn führt auf den Burgberg hinauf. Während ein Wagen hinauffährt, kommt ein anderer herunter.

Ganz rechts:
Die waldreichen Budaer Berge umschließen die Hauptstadt im Westen. Auf dem Jánoshegy (Johannesberg) steht ein neoromanischer Aussichtsturm, die Erzsébet-Warte, 1908 bis 1910 zu Ehren von „Sisi“ erbaut, der österreichischen Kaiserin und ungarischen Königin Elisabeth, die 1898 in Genf ermordet wurde.

Mit 529 Metern ist der Johannesberg, der Budapester „Hausberg“, die höchste Erhebung der ungarischen Hauptstadt. Wer Zeit hat und gut zu Fuß ist, wandert hinauf; schneller und bequemer geht es per Sessellift.

Rechte Seite:
Knapp zehn Kilometer vom Trubel des Budapester Zentrums entfernt, eröffnet sich dem Besucher eine grüne Oase. Der Aussichtsturm auf dem Johannesberg gibt den Blick auf herrlichen Wald frei. – Im Inneren der Erzsébet-Warte.

Am Nordwesteingang zum Burgviertel passiert man dieses neubarocke Tor. Dahinter ermöglichen die historischen Zeugnisse der weitläufigen Palastanlage interessante Einblicke in die bewegte Geschichte der Stadt und des ganzes Landes.

„Eine Reise ist ein Trunk aus der Quelle des Lebens." (Friedrich Hebbel) – Pause im Park an der Königsburg.

Rechte Seite:
König Mátyás Hunyadi (Matthias Corvinus) und – nach der Legende – das in ihn verliebte Bauernmädchen Ilonka zieren den Matthiasbrunnen im nordwestlichen Hof des Burgpalasts. Der Brunnen entstand zu Beginn des 20. Jahrhunderts und ist seither eine Attraktion für die Besucher aus Nah und Fern.

Rechts:
Eines der berühmtesten Gemälde der Ungarischen Nationalgalerie: „Majalis“ (1873) – das „Picknick im Mai“ – des Impressionisten Pál Szinyei Merse (1845–1920), unübersehbar inspiriert von Edouard Manet und Claude Monet („Le déjeuner sur l'herbe“ – „Frühstück im Grünen“).

Unten:
Die 1957 gegründete Ungarische Nationalgalerie zog 1975 in den Königspalast ein. Sie zeigt in mehreren Ausstellungen ungarische Kunst vom Mittelalter bis zur Gegenwart.

Oben:
Was den einen der Cowboy, den anderen der Gaucho, ist den Ungarn der „Csikós“ – der angesehene Pferdehirte, bekannt für seine außergewöhnlichen Dressurleistungen und Reitkünste. Ihn ehrt dieses Denkmal von 1902 vor der Nationalgalerie.

Links:
Ironie der Geschichte: Der vollständigen Zerstörung der Burg im Zweiten Weltkrieg verdankten die Archäologen die Chance, die alte Burg – bis dahin vom Palais aus dem 18. Jahrhundert überdeckt – auszugraben und zu rekonstruieren. Dabei kamen teilweise ganze Räume zum Vorschein, wie etwa der große Gotische Saal.

Seite 34/35:
Die Matthiaskirche war Ort mehrerer Krönungen. Als die Türken 1541 Buda eroberten, verwandelten sie die Kirche in eine Moschee und ließen die Fresken unter einer Kalkschicht verschwinden. Die Wandgemälde zeigen nicht nur biblische Szenen, sondern auch die wichtigsten Ereignisse der ungarischen Geschichte.

Rechts:
Ein Wahrzeichen von Budapest: die Matthiaskirche auf dem Burgberg. Im Vordergrund das Denkmal des Heiligen Stephan.

Rechts:
Erinnerung an 1697: die gewonnene Schlacht von Zenta markiert den Wendepunkt im Krieg gegen die Osmanen. Prinz Eugen von Savoyen trug mit den Seinen den Sieg davon.

Ganz rechts:
Nach einer Pestepidemie im Jahr 1713 errichteten diejenigen Budaer, die am Leben geblieben waren, auf dem Dreifaltigkeitsplatz eine prächtige Säule zu Ehren von Gott Vater, Sohn und Heiligem Geist.

Rechte Seite:
Die Form der Türme der Fischerbastei soll den Zelten der Magyarenstämme nachempfunden sein. An dieser Aussichtsterrasse liegt dem Betrachter die Stadt zu Füßen.

PAPRIKA UND ROTER WEIN

Jó étvágtyat!“, wünscht man in Budapest, „Guten Appetit!“ Die Küche der Hauptstadt repräsentiert die Küche Ungarns. Die traditionellen Gerichte sind deftig und durch die Verwendung von Zwiebeln, Schweineschmalz, Sauerrahm und vor allem Paprika geprägt. Zwar ist Paprika heute das Markenzeichen der ungarischen Küche, doch verwendet man ihn erst seit dem 18. Jahrhundert; die Türken hatten die Pflanze auf dem Balkan eingeführt.

Zu internationaler Berühmtheit hat es das Gulasch gebracht, das in Ungarn selbst allerdings „Pörkölt“ heißt. Fast alle Fleischsorten eignen sich für dieses Gericht, das mit reichlich Zwiebeln, Tomaten und Paprika hergestellt wird. Was in Ungarn „Gulyás“ genannt wird, entspricht eher unserer Gulaschsuppe. Fügt man dem Gulasch saure Sahne zu, was das Aroma mildert, nennt es sich „Paprikás“. Eine weitere Variation stellt „Tokány“ dar; das Fleisch wird dafür nicht gewürfelt, sondern in Streifen geschnitten, und statt Paprika treten Pfeffer und Majoran, Pilze und Erbsen in den Vordergrund. Ganz typisch gart man Gulaschgerichte in einem Kessel über offenem Feuer.

Doch auch andere Gerichte sollte sich ein Budapestreisender schmecken lassen: Gänseleber wird als Delikatesse kalt oder warm (gebraten oder gegrillt) serviert. Wer eine kräftige Mahlzeit bevorzugt, dem wird der Sauerkrautauflauf „Rakott káposzta“ munden: Sauerkraut mit Schweinefleisch, Speck und verschiedenen Wurstsorten übereinander geschichtet und mit Sauerrahm überbacken.

Zu den Höhepunkten bei den Fischgerichten zählen die würzige Fischsuppe „Halászlé“, oder „Fogosch“ (ungarisch: fogas), der Zander aus dem Plattensee. Weil dieser Fisch im Balaton günstigere Lebensbedingungen vorfindet als anderswo in Europa, ist sein Fleisch hier weißer, lockerer und schmackhafter. Doch auch auf die Zubereitung anderer Süßwasserfische wie Karpfen, Forelle oder Wels versteht man sich in Ungarn. Wer vegetarische Kost bevorzugt, kommt mit „Letscho“ (lecsó) auf seine Kosten: eine Mischung aus gedünsteten Zwiebeln, Tomaten und Paprika – mit Weißbrot ein Genuss!

PALATSCHINKE UND PÁLINKA

Ganz oben auf der Beliebtheitsskala der Desserts steht die Palatschinke (palacsinta), ein hauchdünner Pfannkuchen, der auf vielfältige Weise durch Zugabe von Quark, Obst oder süßen Soßen verfeinert wird. Die „Premium-Ausgabe“ stellt die Gundel-Palatschinke dar, nach dem Chefkoch Károly Gundel (1883–1956) benannt, der durch sein „Kleines ungarisches Kochbuch“ stilbildend für die ungarische Küche wurde. Er füllte seine Pfannkuchen mit Walnüssen, Rumrosinen, Orangeat und Sahne und brachte sie mit Schokoladensauce flambiert auf den Tisch. Ebenso empfehlen sich als Nachspeise Dobos-Schnitten, Esterházytorte, Schomlauer Nockerln (Somlói galuska), Kastanienpüree oder auch Strudel, mit Mohn, Nüssen, Obst oder Quark gefüllt.

Links:
Was darf es sein? Der Literat Uli Rothfuss beschreibt in einem Gedicht seine Wahl: „sekt vom Balaton, /dann paprikahuhn / und später maronencreme mit sahne…“.

Ganz links:
Weine von Weltruf kann man in dieser Hotelbar genießen – und auch käuflich erwerben –, und selbst einfache Gasthäuser halten edle Tropfen parat.

– DIE UNGARISCHE KÜCHE

2000 Stunden Sonnenschein im Jahr und lange Erfahrung im Anbau versprechen beste Weine. Zu sozialistischen Zeiten stand bei der Produktion oft „Masse statt Klasse" im Vordergrund, heute kann man Qualität genießen. Bekannt sind die Weißweine aus Badacsony am Plattensee, der Rote aus der nordungarischen Weinbauregion Eger („Erlauer Stierblut") oder der süße Desserttropfen aus Tokay. Der französische Sonnenkönig Louis XIV. liebte ihn so sehr, dass er den Tokayer als „Wein der Könige, König der Weine" pries. Wer nach einer üppigen Mahlzeit einen Schnaps braucht, möge den Magenbitter „Unicum" probieren oder einen Obstbrand – „Pálinka". Diesen gibt es aus Aprikosen, Kirschen oder Pflaumen, aber auch aus anderen Obstsorten.

Auch für die Restaurants in Budapest gilt: Je mehr Gerichte ein Lokal anbietet, desto vorsichtiger sollte man sein. Immer noch trifft auch die Feststellung des Schriftstellers Robert Musil zu, der fand, man speise auch in billigen Gasthäusern gut. Zu den teuren Restaurants zählt das Hotel Gellért, dessen Küche erstklassig ist. Einst wirkte hier Károly Gundel, der in seinem Kochbuch auffordert: „Kommen Sie nach Ungarn, so oft wie möglich, und beurteilen Sie die ungarische Küche hier an der Quelle, in ihrer Heimat. Wir heißen Sie herzlich willkommen!"

Oben:
Die Ungarn wissen gutes Essen zu schätzen und haben eine reichhaltige Küche entwickelt. Und wenn serviert ist, wird gegessen: Während der Mahlzeit spricht man traditionell nicht.

Rechts oben:
Töltött káposzta, eine Spezialität: Kohlrouladen, gefüllt mit einer Masse aus Schweinefleisch, Reis, Zwiebeln und anderen deftigen Zutaten.

Rechts Mitte:
Fast nichts geht ohne Knoblauch und Paprika. Bei Paprika haben die Ungarn ein geradezu buchhalterisches System entwickelt, um die feinen Geschmacksnuancen systematisieren zu können.

Rechts unten:
Köstliche Kalorienbomben aus Eiern, Butter, Sahne und Zucker. Eine Auswahl vom Mehlspeisen-Buffet des Hotels Le Meridien in Budapest.

Links oben:
Relief in einem Torbogen an der Fortuna utca im Burgviertel. Die Häuser des Burgviertels sind überwiegend im barocken Stil erbaut worden; viele Fassaden sind aufwändig verziert.

Links Mitte:
Über dem Tor des Hauses Andreas-Hess-Platz Nr. 3 (Hess András tér 3) prangt dieser Igel. Das im

17./18. Jahrhundert entstandene Gebäude war einer der ältesten Gasthöfe auf dem Burgberg.

Links unten:
Die Parlamentsgasse (Országház utca) ist die Hauptstraße des Burgviertels. Diese Skulptur, die durch die Ecke des Gebäudes zu schweben scheint, befindet sich an einem ehemaligen Kloster.

Unten:
„Reisen ist das beste, ja das einzige Heilmittel gegen den Kummer." (Alfred de Musset) – Diese Heilung vermag etwa ein Spaziergang durch die Fortuna utca im Burgviertel zu verschaffen.

Oben:
Besonders stilvoll kann man Buda per Fiaker erkunden. Das Hufgeklapper vor der Kulisse gepflegter historischer Fassaden versetzt die Touristen von heute um hundert Jahre zurück.

Rechts:
Seine Werke sind wohl nicht in großen Museen zu bestaunen, dafür in Wohnungen rund um die Welt, denn dieser Maler im Burgviertel verkauft seine Bilder an Besucher von überallher.

Oben:
Antiquitätenladen im Durchgang des Gebäudes Fortuna utca 5. Im Mittelalter lebten in dieser Gasse vor allem französische Handwerker, die am Bau des Burgpalastes mitwirkten.

Links:
Innenhof in der Országház ucta, der Parlamentsgasse. Hier scheint die Zeit still zu stehen.

Links:
Recht bescheiden wirkt der klassizistische Sándor-Palast (Sándor palota) im Burgviertel, seit 2003 Sitz des ungarischen Staatspräsidenten.

Unten:
Am 1. Mai 2004 trat Ungarn der Europäischen Union bei. Seither weht die rot-weiß-grüne Nationalflagge am Präsidentenpalast gemeinsam mit der blauen Fahne der EU.

Oben:
Täglich zur Mittagszeit um zwölf Uhr zelebriert die Ehrengarde des Präsidenten ihre Wachablösung.

Mehrere Stockwerke unter dem Budaer Burgviertel befindet sich in unterschiedlichen Tiefenzonen ein netzartiges System von Felsengängen, unterirdischen Brunnen, natürlichen Karsthöhlen und vor circa 700 Jahren angelegten Kellern, unter einer Felsendecke, die eine halbe Million Jahre alt ist.

Das Labyrinth erstreckt sich über circa zehn Kilometer; ein Achtel davon kann besichtigt werden. In Zeiten der Belagerung, der Katastrophen und der Kriege boten die Höhlen des Labyrinths lebensrettenden Schutz für die Bevölkerung. Nutzen daraus zog auch das Militär, von der osmanischen Zeit bis zum Zweiten Weltkrieg.

Oben:
Im Stadtteil Óbuda (Alt-Buda oder auch Alt-Ofen) befand sich die erste bedeutende Siedlung auf dem Gebiet des heutigen Budapest. Der schönste Teil ist der restaurierte Hauptplatz, der Fő tér.

Rechts:
Ein Brautpaar vor dem Rathaus von Óbuda. Eine Hochzeit wird in Ungarn groß gefeiert, mit Speis und Trank, Gesang und Tanz, und einer Reihe von Bräuchen, die seit alters her Tradition sind.

Links:
Das Bezirksmuseum am Fö tér erzählt von der Geschichte Óbudas: 89 n. Chr. errichteten die Römer hier eine Garnison, im 16. Jahrhundert blühte in Alt-Buda der Handel. Bis 1873 war die Stadt selbstständig, dann wurde Buda mit Pest und Óbuda zu Budapest vereinigt.

Unten:
Anmutig: Das sehenswerte Barockpalais der Familie Zichy am Fö tér in Óbuda, erbaut 1757, beherbergt nun ein Museum.

Heute befindet sich hier ein Studio des Ungarischen Fernsehens, doch ursprünglich wurde dieses klassizistische Gebäude in der Lajos utca 163 vom Architekten András Landherr als Synagoge für die Juden von Óbuda erbaut. Seine Eleganz bezieht es aus dem offenen Portikus mit dem Giebelfeld, getragen von sechs korinthischen Säulen.

Linke Seite:
Das von einer Kolonnade eingefasste Denkmal für den heiligen Märtyrerbischof Gellért befindet sich gegenüber der Elisabethbrücke am Südhang des gleichnamigen Gellértbergs. Die Legende erzählt, die heidnischen Ungarn hätten den Missionar in einem Fass, das mit Nägeln gespickt war, den Hügel hinabgerollt und in der Donau ertränkt.

Blick auf das 1918 eröffnete Hotel Géllert, eines der traditionsreichsten in ganz Ungarn. Das Haus sagt über sich selbst: „Kultivierte Gäste mit Vorliebe für traditionelle Architektur und aufmerksame Bewirtung werden dieses Hotel mit glanzvoller und historischer Atmosphäre als ein erhaltenes Juwel der Baukunst schätzen.“

Oben:
Kerepesi temetö, Budapests größter Friedhof, befindet sich in der Nähe des Ostbahnhofs. Hier das Grabmal von Dr. József Antall, dem ersten ungarischen Ministerpräsidenten nach der Wende 1989.

Rechts:
Das Mausoleum des Nationalhelden Lajos Kossuth (1802–1894) der sich bis zu seinem Tod für die Unabhängigkeit Ungarns einsetzte.

Ganz rechts:
Die prachtvollen Grabsteine, Ehrenmale und Mausoleen bieten eine schier unerschöpfliche Fundgrube an außergewöhnlichen Motiven.

Links:
Das Grabmahl für den Wasserbauingenieur Pál Vásárhelyi (1795–1846), der die Donau bis Budapest schiffbar machte.

Unten:
Gräber der Opfer der kommunistischen Diktatur auf dem Neuen Stadtfriedhof. Nach der blutigen Niederschlagung des Volksaufstands von Oktober/November 1956 durch die Rote Armee ließ die stalinistisch geprägte Herrschaft die hingerichteten Anführer und Opfer heimlich verscharren. Seit dem Ende des Kommunismus werden sie als Helden verehrt.

Oben:
Seit der demokratischen Wende 1990 sprießen in der ungarischen Hauptstadt die Einkaufszentren wie Pilze aus dem Boden. Dieses am Széna tér trägt den bezeichnenden Namen „Mammut“.

Rechts:
Der Schriftsteller Wolfgang Bächler nannte Budapest einmal ein „Thema mit Variationen“. Manche davon werden dem westlichen Kulturtouristen vielleicht nicht gefallen, gehören aber zum Gesamtbild dieser Stadt.

Oben:
Tramliebhaber kommen auf ihre Kosten: In Budapest sind die gelben Straßenbahnen – neben der Metro – ein wichtiges und stark genutztes öffentliches Verkehrsmittel.

Links:
„Reisen lehrt Tolerieren." (Benjamin Disraeli) – Gesellige Runde vor einem Bierlokal in Óbuda.

Linke Seite:
Die klassizistische Kettenbrücke (Széchenyi lánc híd) wird von zwei triumphbogenartigen Stützpfeilern getragen, durch die die eisernen Ketten des 375 Meter langen Brückenkörpers verlaufen. Die Pfeilertore haben eine Durchgangsbreite von sechseinhalb Metern.

Kleine Bilder unten:
An sieben Wochenenden im Juli und August herrscht seit 2003 buntes Treiben auf der Kettenbrücke, bei der Veranstaltungsreihe „Sommer auf der Kettenbrücke". Dann wird diese Hauptverkehrsader für den Autoverkehr gesperrt und zu einer Fußgängerzone für Einheimische und Besucher. Händler aus den verschiedenen touristischen Regionen Ungarns bieten kunstgewerbliche Souvenirs an; Schausteller und Musiker präsentieren ihre Künste.

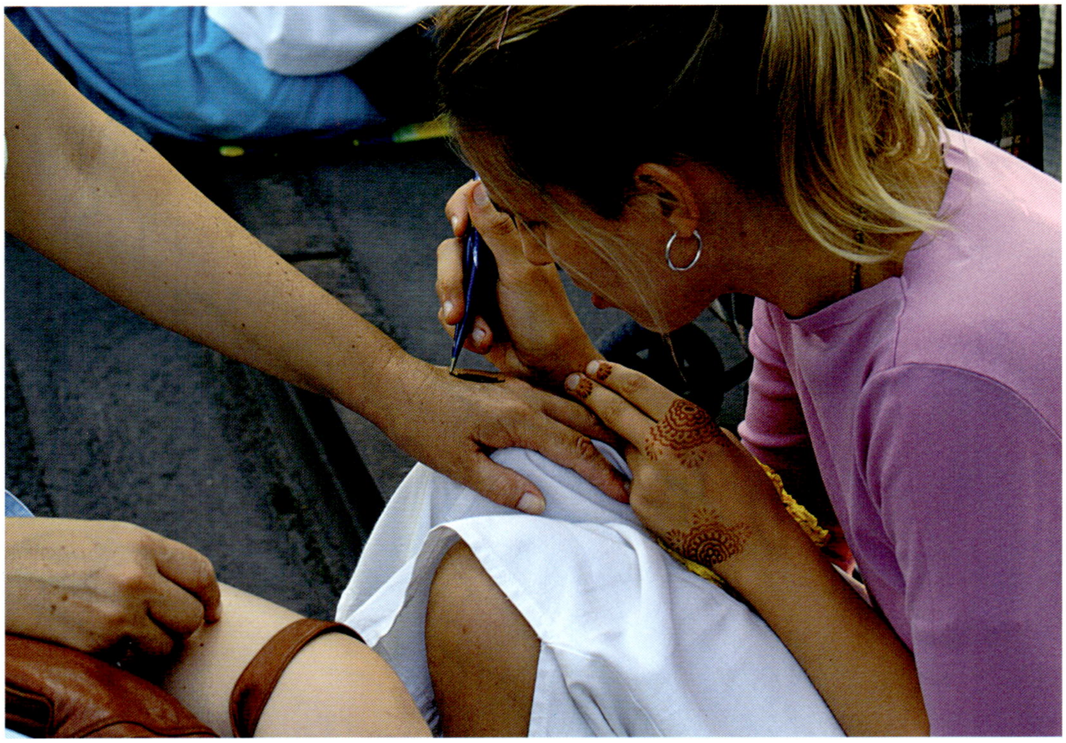

KIRCHEN, KAFFEEHÄUSER UND KULTUR –

Blick auf Pest. Links im Bild der Gresham-Palast, 1907 im Auftrag einer Londoner Versicherungsgesellschaft im Jugendstil erbaut. Nach einer vollständigen Restaurierung nimmt er nunmehr als „Four Seasons"-Luxushotel anspruchsvolle Gäste in Empfang.

Östlich der Donau liegt das flache Pest; hier schlägt das Herz der ungarischen Hauptstadt. 17 Bezirke erstrecken sich über zwei Drittel ihrer Gesamtfläche, inmitten die Innenstadt mit prächtigen Sehenswürdigkeiten – und außerhalb triste, graue Vororte mit Plattenbauten.

Prunkstück von Pest ist das Parlament, das größte Gebäude des ganzen Landes (691 Räume!). Spötter behaupten, es sei immer eine Nummer zu groß gewesen für die Demokratie im Lande. Von 1884 bis 1902 errichtete man es in Anlehnung an sein Vorbild, die Houses of Parliament in London.

Zu den architektonischen Attraktionen zählen Sakralbauten wie die katholische Basilika St. Stephan, die Evangelische Kirche oder die Innerstädtische Pfarrkirche – das älteste noch erhaltene Gebäude in Pest, dessen Ursprünge ins 11. Jahrhundert zurückreichen; auch die Große Synagoge im jüdischen Viertel gehört dazu.

Touristen und Staatsbesucher pilgern zum Heldenplatz, der 1896 anlässlich der 1000-Jahr-Feier Ungarns angelegt wurde: eigentlich nur eine riesige freie Fläche, wo damals die 50 000 Ehrengäste Platz nahmen. Ein Denkmal ehrt Könige und Helden wie den Revolutionsführer Lajos Kossuth (1802–1894); auf der Säule thront der Erzengel Gabriel.

Staatsoper, Theater, Konzertsäle und Museen bieten Kulturgenuss; Plätze und Parks, Boulevards und Einkaufsstraßen wie die Andrássy oder Váci utca verlocken zum Flanieren. Wer die schmerzenden Füße ausruhen will, kann dies in einem der traditionsreichen Kaffeehäuser tun, wie dem Centrál, Gerbeaud oder Müvész. Badefreuden erwarten den Besucher in der größten Kurbadanlage Europas, dem Széchenyi-Bad: 75 Grad heiß kommt dort das Wasser aus der Erde und lädt dann, auf verschiedene Temperaturen abgekühlt, zur Entspannung ein.

PEST AM LINKEN DONAUUFER

Linke Seite:
Das im neugotischen Stil von 1885 bis 1904 am Donauufer erbaute Parlamentsgebäude ist Sitz der ungarischen Volksvertretung und Wahrzeichen der Stadt.

Luxuriös und verschwenderisch präsentiert sich das Parlament von innen, wie hier im Wandelgang. Die besten Künstler seiner Entstehungszeit wirkten an der Gestaltung mit.

Oben:
Ein Meisterwerk stellt die Decke der 96 Meter hohen Parlamentskuppel dar, majestätisch wie in einer Kathedrale.

Rechts:
Der hufeisenförmige Sitzungssaal der Nationalversammlung, umgeben von Galerien. Im ganzen Gebäude verarbeitete man unter anderem 40 Kilogramm Gold.

Oben:
Die Große Synagoge in der Dohány utca, 1854 bis 1859 errichtet. Im 19. Jahrhundert wandte man für Synagogen bewusst einen orientalischen, den sogenannten „maurischen Stil" an, welcher einen Gegensatz zur christlichen Sakralarchitektur bilden sollte.

Links:
Bis zu 3000 Gläubige fasst die kostbar ausgestattete und nach der demokratischen Wende sorgfältig restaurierte Große Synagoge, die nach orthodoxer Tradition über separate Emporen für die Frauen verfügt.

JÜDISCHES LEBEN IN

Wie schön es einst war, ein Jude in Budapest zu sein, erzählt der Schriftsteller György Dalos (geb. 1943) aus der Perspektive eines Kindes: „Es war wunderbar, wenn sich in der Synagoge der Thoraschrein öffnete und dahinter der blaue Samt leuchtete, ein Himmel, viel blauer und himmlischer als der wirkliche. Oder wenn am Sabbatabend die Kerzen angezündet wurden, wenn an dem langen Esstisch der Segen gesprochen wurde, während einem das Wasser im Mund zusammenlief in Erwartung des zwar armseligen, jedoch feierlichen Schmauses." – Und der weltberühmte Dirigent Sir Georg Solti (1912–1997) sagte augenzwinkernd: „Ich bin ein Budapester Kaffeehausjude."

Von der Bedeutung des Judentums in Budapest legt die Große Synagoge in der Dohány-Straße Zeugnis ab. Seit ihrer Errichtung 1854 bis 1859 im byzantinisch-maurischen Stil ist sie der größte jüdische Sakralbau Europas: 53 Meter lang, 26,5 Meter breit, dazu zwei stolze von Zwiebeln bekrönte Türme von 44 Metern Höhe. 3000 bis 4000 Gläubige finden in ihr Platz.

Die Gemeinde in der Dohány-Straße war vom Reformgeist geprägt. Diese Richtung des Judentums bemühte sich, die konservative Tradition mit der Aufklärung zu versöhnen und die Assimilation zu fördern. Im Gottesdienst erklangen Chorgesang und – damals höchst untypisch – Orgelmusik. Berühmte Musiker wie Franz Liszt oder Camille Saint-Saëns spielten bei der Einweihung das eindrucksvolle, in Thüringen gebaute Instrument mit seinen 5030 Pfeifen. In der nachkommunistischen Zeit wurde die Synagoge gründlich renoviert, unterstützt durch großzügige Spenden der Hollywoodlegende Tony Curtis, dessen Eltern aus Budapest stammten.

Ab 1840 war es Juden in Ungarn erlaubt, Grundeigentum zu erwerben. Seither wurden viele Synagogen und Gemeindehäuser gebaut. Doch erst ab 1900 genossen Juden alle bürgerlichen Rechte. Das Judentum konnte sich endlich entfalten – freilich immer wieder an Grenzen stoßend. Symbolisch dafür steht Theodor Herzl, der Begründer des Zionismus, der 1860 in Budapest geboren wurde. Sein Geburtshaus stand direkt neben der Synagoge, dort, wo sich heute das Jüdische Museum befindet.

Nach dem Ende der Donaumonarchie setzte unter dem „Reichsverweser" Miklós Horthy eine schrittweise Ausgrenzung der Juden aus der ungarischen Gesellschaft ein. 1938 wurden die ersten Judengesetze erlassen. Die Vernichtung der ungarischen Juden organisierten die deutschen Nationalsozialisten gemeinsam mit den ungarischen Faschisten, den Pfeilkreuzlern. Im Jahr 1944 wurden etwa 450 000 Juden (die Hälfte aller Juden in Ungarn) in Konzentrationslager deportiert. Der schwedische Diplomat Raoul Wallenberg und sein Schweizer Kollege Carl Lutz stellten massenhaft Schutzpässe aus, mit denen Zehntausenden die Ausreise gelang. Am 29. November 1944 pferchten die Machthaber rund 80 000 Menschen in ein Ghetto in Budapest. Dort starben viele Tausende; nur wenige konnten entkommen; die Überlebenden befreite die Rote Armee im Januar 1945.

TRAUER UND NEUER LEBENSMUT

An die Opfer erinnert seit 1991 das von Imre Varga gestaltete Holocaust-Mahnmal neben der Synagoge. An einer Trauerweide aus Metall sind 30 000 Blätter befestigt, die jeweils einem Toten einen Namen geben. Die Retter Wallenberg und Lutz werden durch ein weiteres Denkmal geehrt.

In den letzten Jahren regt sich wieder stärker jüdisches Leben in Budapest. Es gibt Geschäfte, die koschere Waren anbieten, Cafés und Restaurants, Bibliotheken und Antiquariate mit hebräischen Büchern. Man sieht auf den Straßen wieder orthodoxe Juden mit Schläfenlocken, schwarzen Hüten und langen Mänteln. Seit 1989 unterhält Budapest eine Städtepartnerschaft mit Tel Aviv. Jeden Sommer findet ein Jüdisches Kulturfestival statt. Künstler aus aller Welt präsentieren Literatur, Filme, Theater, Ausstellungen und Konzerte. Und doch: nur rund 15 000 der geschätzten 60 000 Juden in der ungarischen Hauptstadt bekennen sich zu ihrer Zugehörigkeit zum Judentum. Immer noch grassiert ein mal versteckter, mal offener Antisemitismus in Budapest, und so zieht es mancher vor, sich nicht zu erkennen zu geben.

Rechts:
Die Heilige Schrift der Juden – die Tora (die fünf Bücher Mose) – genießt besondere Verehrung und wird in einem Schrein hinter einem Vorhang aufbewahrt, wie hier im Budapester Rabbinerseminar.

Links:
Mit zwei stolzen Türmen drückte die Große Synagoge Mitte des 19. Jahrhunderts das erstarkte jüdische Selbstbewusstsein aus.

Rechts:
Ein Wallfahrtsort für Jugendstilliebhaber ist das prächtige Mausoleum der Familie Schmidl auf dem jüdischen Friedhof.

Rechts:
Orthodoxe („rechtgläubige“) Juden kleiden sich traditionell in Schwarz und tragen stets eine Kopfbedeckung. Auch der Bart ist typisch, wie bei diesen Herren in einer Betstube in der Kazinczy utca.

Ganz links:
Das Holocaust-Denkmal bei der Großen Synagoge wurde über einem Massengrab von 1944/45 errichtet zum Gedenken an die jüdischen Opfer der faschistischen Diktatur. Die Blätter der stählernen Trauerweide tragen ihre Namen. 600 000 ungarische Juden fielen dem Holocaust zum Opfer.

Rechts:
Ein Frommer beim Morgengebet: in den Gebetsmantel gehüllt, eine Kapsel mit Bibelversen auf der Stirn, wie es die uralten Religionsgesetze vorsehen.

Linke Seite:
Sitz des katholischen Bischofs von Budapest ist die St.-Stephans-Basilika (Szent István Bazilika) in der Nähe der Kettenbrücke. 1905 wurde das Gotteshaus eingeweiht, dessen Kuppel die Silhouette der ungarischen Hauptstadt prägt. Im Dom finden bis zu 8500 Menschen Platz.

Links:
Dieser kostbare goldene Schrein beherbergt die einbalsamierte rechte Hand König Stephans des Heiligen (Szent István). Jedes Jahr am 20. August huldigen die Gläubigen mit einer Prozession der kostbaren Reliquie.

Ganz links:
Herzstück des katholischen Budapest: Inmitten des Hauptaltars prangt eine Marmorfigur des Heiligen Stephan. Darüber erhebt sich die 96 Meter hohe Kuppel, die in ganz Budapest zu sehen ist.

Links:
Das bronzene Hauptportal der Kathedrale zieren Darstellungen der Häupter der Zwölf Apostel.

Seite 68/69:
Die Kuppel der Basilika wirft ihren Schatten in Richtung Nordosten. – Der ungarische Schriftsteller Péter Esterházy beschreibt die Stadt als „herausfordernd, gefährlich, ordinär, großzügig und egoistisch und eitel: schön“.

Mr.MANUS

PREMIER VIDEOPALOTA NON-STOP
PEPSI

Im Károlyi-Palais ist ein Museum für den ungarischen Freiheitskämpfer Sándor Petőfi (1823–1849) eingerichtet, der durch sein „Nationallied" (Nemzeti dal) berühmt wurde: „Auf, Magyaren, die Heimat ruft!" – Decke des Festsaals.

Der pompöse Goldene Saal des Károlyi-Palais. Seinen Namen hat es von Mihály Károlyi, der 1918/19 die ungarische Republik führte; er wurde 1875 hier geboren.

„Die Budapester haben etwas Geheimnisvoll-Bezauberndes an sich. Die ganze Stadt redet. Sie reden in den Kaffeehäusern, sie reden in den Kneipen, … sie reden auf der Straße, sie reden in den Geschäften, sie besuchen einander und reden.“ (György Konrad) – Und natürlich reden sie auch im Károlyi-Park miteinander. Er gehörte einst zum Károlyi-Palais und ist seit 1928 eine öffentliche Grünanlage.

Unten:
„Willkommen im Four Seasons Hotel Gresham Palace Budapest. Die Renaissance eines Jugendstil-Juwels. Mit mondänem Komfort für die Neuzeit gerüstet, verbindet Four Seasons den typischen, herzlichen Service des Hauses mit einem unvergesslichen Panorama-Ausblick auf die Donau und die Hügel von Buda." – So wirbt das Haus für sich selbst.

Rechts oben:
Ehemals ein Versicherungsgebäude, dennoch – oder deswegen – ist hier alles luxuriös, sogar das Treppenhaus im Jugendstil.

Rechts Mitte:
Die Eingangshalle des Gresham-Palastes, heute noch so beeindruckend wie bei seiner Eröffnung zu Beginn des 20. Jahr-

hunderts. Das Haus verfügte über damals spektakuläre technische Neuerungen, wie etwa Fahrstühle und Zentralheizung.

Rechts unten: *Wer hier an der Rezeption eincheckt, kann wählen: das normale Zimmer kostet pro Nacht etwa 300 Euro, die Königliche Suite fast 5000 – für immerhin drei Betten und 136 Quadratmeter Wohnfläche.*

Oben:
Für die einen ein „Flussdampfer", für andere ein „Ufo" oder „Käfer" – Planung und Bau des 2002 eröffneten postmodernen Nationaltheaters wurden von der Öffentlichkeit mit heißen Diskussionen begleitet.

Rechts:
Das traditionsreiche Nationaltheater, das oft seinen Sitz wechselte, ist das wichtigste Sprechtheater in Ungarn.

Seite 74/75:
Die Redoute (Vigadó) war eines der Zentren der klassischen Musik in Ungarn. Hier traten die größten Musiker des 19. und 20. Jahrhunderts auf: Liszt, Wagner, Brahms, Saint-Saëns, Debussy, von Karajan, Rubinstein oder Horowitz.

Links:
Die Bibliothek der Eötvös-Lorand-Universität Budapest ist die erste des Landes, die seit ihrer Gründung ohne Unterbrechung tätig ist. Der heutige Bestand umfasst mehr als 1,5 Millionen bibliographische Einheiten.

Unten:
Hier lässt es sich lernen! Die Ervin-Szabó-Bibliothek, Budapests städtische Zentralbibliothek, befindet sich im Wenckheim-Palais aus dem ausgehenden 19. Jahrhundert. Über eine Million Bände (auf 27 000 laufenden Metern Regal untergebracht) laden zum Studieren in aristokratischem Ambiente ein.

Unten:
Im März 2005 öffnete der Palast der Künste am Donauufer seine Pforten. Seither haben sich hier Tausende Kunstfreunde aus dem In- und Ausland durch Darbietungen von Musik, Tanz und Gesang begeistern lassen.

Rechts oben:
Nach den Absichten seiner Planer vereint der Palast der Künste Tradition und Avantgarde in sämtlichen Kunstgenres. Zu den ständigen Nutzern des Gebäudes gehören das Ludwig-Museum, die Nationalen Philharmoniker, Nationalchor und Notenarchiv, sowie das Nationale Tanztheater.

Rechts Mitte:
Die außergewöhnliche Architektur sticht dem Besucher als erstes ins Auge und begeistert

ob ihrer ästhetischen Ausgewogenheit, ihrer Harmonie – und auch ihrer leichten Verwegenheit.

Rechts unten:
Der Palast der Künste gewann im Jahr 2006 den „Architektur-Oscar", den FIABCI Prix d'Excellence 2006. Mit diesem Preis werden weltweit herausragende Immobilienprojekte in den Bereichen Design, Bauausführung, Rentabilität, Marketingstrategie, Umweltverträglichkeit und gesellschaftlicher Nutzen ausgezeichnet.

Rechts:
Statue des Heiligen Stephan auf dem Heldenplatz. Stephan I., ungarisch István, (969–1038) war der erste König Ungarns und ist der Nationalheilige des Landes. Er christianisierte die heidnischen Magyaren. Sein Gedenktag ist der 20. August, der in Ungarn auch Nationalfeiertag ist.

Unten:
Parade auf dem Heldenplatz. Immer wieder nutzte man diesen Ort als Bühne für einschneidende Ereignisse in der ungarischen Geschichte. Hier zertrümmerten die Ungarn während der Revolution 1918/19 als Zeichen des Bruches mit den Habsburgern das Bildnis Kaiser Franz Josephs.

Oben:
Die Kunsthalle am Heldenplatz ist eine der größten des Landes. In dem klassizistischen Gebäude werden zumeist Wechselausstellungen zeitgenössischer Künstler gezeigt.

Links:
Auf den Stufen vor der Kunsthalle. – „Reisen ist mehr als das Besichtigen von Sehenswürdigkeiten; es ist ein tief greifender Wandel, dem wir uns unterwerfen, ein fundamentales Umdenken in Bezug auf das Leben.“ (Miriam Beard)

AGRO-FRUIT BT.
FELVÁGOTT
PÉKÁRU

Linke Seite:
Die Große Markthalle in unmittelbarer Nähe der Freiheitsbrücke wurde Ende des 19. Jahrhunderts errichtet. Das Gebäude basiert auf einer Stahlkonstruktion, die an der Fassade mit bunten, glasierten Ziegeln der Porzellanmanufaktur Zsolnay verkleidet ist.

Die Große Markthalle gilt als einer der schönsten zentralen Einkaufsplätze der Stadt und wird entsprechend gerne von Einheimischen und Touristen besucht. Auf drei Geschossen befinden sich über 180 Geschäfte und Stände. Im Selbstbedienungsrestaurant Fakanál (deutsch: Holzlöffel) lässt es sich zu feuriger Live-Musik schlemmen. Es gibt kaum etwas, was es hier nicht gibt, vom erntefrischen Gemüse bis zum handgearbeiteten Souvenir.

FONTANA
photo
McDonald's
anna
BURGER KING
C&A
WECHSEL
CHANGE
CAMBIO
OMEGA
BURGER KING

Linke Seite:
Die Váci utca (deutsch: Waiznergasse) ist die älteste Handelsstraße der Stadt und die bekannteste Flaniermeile in der Innenstadt von Pest. Sie verläuft parallel zur Donau in Nord-Süd-Richtung und in unmittelbarer Nähe zum Fluss. Die Haupteinkaufsstraße von Budapest verbindet die Große Markthalle mit dem Vörösmarty tér.

„Lass mich auch mal!" – Kindervergnügen am Vörösmarty tér. Mit einer Rate von etwa 9,76 Geburten auf 1000 Einwohner liegt Ungarn weltweit im unteren Bereich, aber noch vor Österreich und Deutschland.

Ganz links:
Aufmerksam verfolgt diese Dame das Zeitgeschehen im Straßencafé Cyrano.

Links:
„Ich lausche den Klängen von der Straße her und versuche, die Stadt zu enträtseln", schreibt der serbische Autor Dragan Velikiç.

Ganz links:
Alt und Jung genießen zwischendurch eine Pause in einer der zahlreichen Konditoreien.

Links:
Budapester Impression: Ein Nickerchen auf einer Bank am Freiheitsplatz.

Seite 86/87:
Die Elisabethbrücke (Erzsébet híd) ist eine der heute neun Donaubrücken. Sie ist nach der österreichischen Kaiserin und ungarischen Königin Elisabeth („Sisi“) benannt und verbindet Buda zwischen Burgberg und Gellértberg mit dem Platz des 15. März in Pest, wo die innerstädtische Pfarrkirche steht. – Der Lyriker Reiner Kunze dichtete: „zwischen ferse und schulter / ein einziger bogen, erinnert ans lieben / die brücke der brücken / mit deinem namen“.

Von der Jugendherberge bis zum Luxushotel (wie hier dem Royal) bietet Budapest für jeden Geldbeutel die passende Unterkunft.

Zur gepflegten Gastlichkeit der Extraklasse gehört das hoteleigene Schwimmbad. In diesem Ambiente kann man es sich gut gehen lassen.

Rechte Seite:
Das Hotel Le Meridien befindet sich in einem 1914 erbauten, unter Denkmalschutz stehenden Gebäude in der Innenstadt. In der Kuppelhalle zu speisen ist ein Erlebnis. Fünf Sterne zeichnen das Haus aus.

TÜRKISCHE DAMPFBÄDER UND GLANZVOLLE THERMEN –

„Paris hat den Eiffelturm, London den Tower, Rom das Capitol, Budapest seine Bäder", stellte der Publizist Hans-Joachim Györffy fest. Und er geriet ins Schwärmen: „Bad Budapest, die Weltstadt der Badekultur. Bäder zum Träumen, zum Heilen, zum Erholen, Bäder, die wie eine Reise in den Jugendstil sind oder wie ein Gang durch türkische Serails."

Dabei reicht die Geschichte der Budapester Bäder noch viel weiter zurück, in die Antike nämlich. „Aquincum" nannten die Römer ihre Provinzhauptstadt, worin unübersehbar das Wort „Aqua" steckt – lateinisch für „Wasser". Die Römer hatten die Kultur des Badens hoch entwickelt. Sie brachten dieses Wissen mit nach Pannonien; bis heute wurden von Archäologen 21 römische Bäder freigelegt.

Mit dem Untergang des Römischen Reiches verschwanden auch die Bäder. Sie erlebten eine neue Blütezeit gut ein Jahrtausend später während der Herrschaft der Osmanen. Die Besatzer bauten nicht nur Moscheen und Karawansereien, sondern auch Bäder. So verbanden sich römische und orientalische Badekultur. Allein in Buda ließen die Paschas neun große Bäder errichten. Mit dem Ende der Fremdherrschaft erlebte auch das Bäderwesen einen Rückgang; viele Bäder verschwanden, doch einige bestanden weiter, wie etwa das unter der Herrschaft des Paschas Sokollu Mustafa um 1566 umgebaute Rudas-Bad; die Türken nannten es „das Bad mit den grünen Säulen".

BADEKULTUR IN BUDAPEST

Rechts: *Bereits im 2. Jahrhundert gab es im damals römischen Aquincum, dem heutigen Budapest, 14 Thermalbäder. Und wie die Römer haben auch die Ungarn ihre Badeanstalten reich verziert: mit Mosaiken, Marmorsäulen und Statuen. – Mosaik in der Eingangshalle des Széchenyi-Bads.*

Links: *Die Kombination aus Metropole und Badestadt ist einzigartig in Europa. – Das Széchenyi-Bad im Stadtwäldchen Városliget.*

Rechts: *Tauche ein in das Reich Neptuns! Geradezu legendär ist die Jugendstil-Schwimmhalle des Hotels Gellért – als wäre das Parkett einer Oper unter Wasser gesetzt worden. Schilder zeigen an: Man darf nur im Kreisverkehr schwimmen.*

Ganz links: *Schachspieler im Széchenyi-Bad. Diese Badeanstalt findet gerade bei der einheimischen Bevölkerung großen Zuspruch, da die Preise moderat sind und auch die Außenbecken selbst bei Minusgraden zu längerem Verweilen einladen.*

Rechts: *Das Rudas-Bad von 1566 befindet sich heute noch annähernd im fast 450 Jahre alten Originalzustand; es ist das älteste und schönste der von den Türken erbauten Bäder Budapests.*

Im 19. Jahrhundert nahm das Bäderwesen in Budapest einen neuen Aufschwung. Erkenntnisse der Medizin und der Bäderkunde (Balneologie) – und nicht zuletzt der Geologie – führten zur Errichtung neuer Bäder. Im Jahr 1867 führte der Bergbauingenieur Vilmos Zsigmond auf der Margareteninsel eine Erdbohrung durch; in 118,5 Meter Tiefe stieß er auf 43,8 Grad warmes Wasser. Nur ein Jahr später begannen die Bauarbeiten am Heldenplatz; dort holte man aus 970,48 Meter Tiefe 73,9 Grad heißes Wasser – 538 Liter pro Minute!

Budapest ist die einzige Metropole Europas, die über ein reiches Vorkommen an Thermalquellen verfügt. Die Stadt liegt auf einer geotektonischen Bruchstelle. Hier hob und senkte sich im Erdmittelalter, dem Mesozoikum vor 200 Millionen Jahren, einige Male die Erdkruste. So wurde das Gebiet mehrmals vom Meer überflutet und ragte dann wieder heraus. Es entstanden Tausende Meter dicke Ablagerungen verschiedener Gesteinsschichten. Das im verkarsteten Gestein eingeschlossene Wasser bricht nun aus 123 Quellen hervor. Die Natur ist großzügig und schüttet täglich siebzig Millionen Liter heilendes Wasser aus. Es ist reich an Kalk, Magnesium, Kohlensäure, Schwefel und Radium und hilft bei Gelenkerkrankungen, Kreislaufstörungen und Frauenleiden. Die Temperatur beträgt zwischen 24 und 78 Grad; in den meisten Bädern wird das heiße Wasser auf 34, 36 und 40 Grad abgekühlt.

BADETEMPEL IM JUGENSTIL

Vom letzten Viertel des 19. Jahrhunderts bis zum Ersten Weltkrieg entstanden zahlreiche Badehäuser und -anstalten, und auch Freibäder am Donauufer. 1930 wurde Budapest als Stadt mit den meisten Heilquellen der Titel „Badestadt" verliehen. Sehenswert für Besucher aus aller Welt: das noch auf König Sigismund aus dem 15. Jahrhundert zurückgehende Rác-Bad mit seinem Kuppelsaal, das Király, das Széchenyi oder das 1918 eröffnete Gellért, das alsbald die Schickeria aus ganz Europa anlockte. Angesichts ihrer Pracht meint man, Kathedralen oder Schlösser zu betreten.

Die Einheimischen sehen das pragmatischer. Bis vor einigen Jahren hatte längst nicht jeder Haushalt in Budapest ein eigenes Badezimmer. Aber natürlich dienten die Bäder darüber hinaus immer schon der Gesundheit, dem Vergnügen und als Schauplatz des sozialen Lebens. Wer kennt nicht die typischen Bilder von den älteren Herren, die, im Széchenyi-Bad bis zur Brust im Thermalwasser stehend, stundenlang auf schwimmenden Brettern Schach spielen. Über das Lukács-Bad weiß der ungarische Schriftsteller György Sebestyén zu berichten: „Hier werden unter der Brause zuweilen Chefredakteure ernannt, Theaterpremieren zu Fall gebracht, ideologische Offensiven beschlossen. Hier schwimmt manchmal die halbe Regierung herum."

Unten:
Wie ein Tempel empfängt das Ungarische Nationalmuseum seine Besucher. 1846 zog die Sammlung in das von Mihály Pollack entworfene Gebäude ein; sie besteht jedoch bereits seit 1802.

Rechts oben:
Die Feststiege im Nationalmuseum. An den Wänden Fresken von Károly Lotz (1833–1904) und Mór Than (1828–

1899). Zu den Prunkstücken der Ausstellung zählen der Krönungsschmuck der Könige und wertvolle Reliquien aus dem Mittelalter.

Rechts Mitte:
Originalgetreu wurde im Lapidarium das Fußbodenmosaik einer römischen Villa aus dem 2. Jahrhundert rekonstruiert.

Rechts unten:
Der Park des Nationalmuseums lädt zur Rast ein.

Linke Seite oben: *Außen wie innen sehenswert: Nach Plänen von Ödön Lechner und Gyula Pártos wurde das Museum für Kunstgewerbe 1893 bis 1896 im ungarischen Jugendstil erbaut. Besonders sehenswert: die Majolikafliesen des Dachs aus Zsolnay-Keramik.*

Das Kunstgewerbemuseum ist ein „Muss“ für Freunde des Jugendstils. Die Decke im Eingangsbereich erfreut mit diesen floralen Verzierungen.

Bei Kriegsende und während des Aufstands 1956 wurde das Gebäude beschädigt, nun erstrahlt es in neuem Glanz. Die Ausstellungen zeigen Teppiche, Trachten, Glas, Keramik, Silberwaren, Möbel und andere Schätze.

Linke Seite unten: *Die Haupthalle des Kunstgewerbemuseums. Den von einem Glasdach überspannten Innenhof umgibt ein Kreuzgang mit Arkaden im indisch-orientalischen Stil.*

Oben:
Schmiererei oder moderne Kunst? Graffiti an der Straßenbahnhaltestelle Fovam tér.

Rechts:
Nach der demokratischen Wende 1990 blühte die Privatwirtschaft auf, was während der kommunistischen Zeit unmöglich gewesen war. Kleine Geschäfte entstanden, die oft rund um die Uhr geöffnet sind.

Ganz rechts:
Ein Tattoostudio in der Elisabethstadt. Nach dem Zusammenbruch des Sozialismus gründeten sich viele Kleinunternehmen, doch auch unter kapitalistischen Verhältnissen ist das Überleben nicht leicht.

Oben:
Wer an Ungarn denkt, denkt an Puszta und Ziehbrunnen, an Gulasch, Paprika und Tokajer, Operetten und Zigeunermusik, vom Primás auf der Geige gespielt. Diese Klischees bedient auch ein Folkloreabend, wie er Touristen angeboten wird.

Links:
Nachts ist im „Jazz Garden" was los! Zwar hat der Jazz Ungarn erst relativ spät erreicht, doch längst gastieren in der Hauptstadt international renommierte Musiker; auch einheimische Bands haben sich etabliert.

Von der Donau beiderseits umflossen, erhebt sich im Norden der Stadt ein schmales, rund zweieinhalb Kilometer langes Eiland aus dem Strom, die Margareteninsel (Margit sziget). Wer die Margaretenbrücke hinabsteigt, entdeckt ein schönes Fleckchen Budapest. Wo einst Mönche abgeschieden lebten, erfrischen sich heute die Hauptstädter. Für sie ist die autofreie Margareteninsel eine „grüne Lunge". Wer sich entspannen möchte, kann mit der Kutsche oder Fahrradkutsche fahren oder einfach nur im Gras liegen und nichts tun. – Die Büste (unten links) von Zoltán Kodály (1882–1967) erinnert an den bedeutenden Komponisten, Musikpädagogen und Musikethnologen. Daneben wurde Franz Liszt (1811–1886), dem hoch verehrten österreichisch-ungarischen Komponisten und „Starpianisten" des 19. Jahrhunderts ein Denkmal gesetzt.

Oben:
In Budapest zirkulieren über 50 Straßenbahnlinien; sie verkehren in der Regel von 4.30 Uhr in der Frühe bis um Mitternacht, und erreichen alle Stadtteile, dazu ohne Stau, in dem die Autos oft feststecken.

Rechts:
Am Deák Ferenc tér treffen sich die drei Budapester U-Bahn-Linien (Metró). Die älteste (M1) wurde bereits 1894 in Betrieb genommen und ist gelb. Sie ist die zweitälteste U-Bahn in Europa nach der London Underground. Seit 1970 kamen noch die rote M2 und die blaue M3 hinzu.

Links:
Die grünen Nahverkehrszüge sind den deutschen S-Bahnen vergleichbar. Einheimische pendeln damit zur Arbeit in die Stadt hinein, Touristen zu Sehenswürdigkeiten aus ihr hinaus.

Unten:
An der Andrássy utca, einer Prachtstraße, die seit 2002 UNESCO-Weltkulturerbe ist, liegt der Oktogon-Platz, ein zentraler Verkehrsknotenpunkt.

Oben:
Drei Jahre brauchte Gustave Eiffel für die imposante Eisenkonstruktion des Westbahnhofs (Nyugati pályaudvar), der 1877 eröffnet wurde.

Rechts:
Das „WestEnd Shopping Center“ beim Westbahnhof. Dieser größte Einkaufstempel von Budapest mit über 400 Geschäften auf mehreren Ebenen und 20 Kinosälen lässt keine Wünsche offen.

Rechte Seite:
Wartesaal der Luxusklasse. In diesem Raum im Westbahnhof geruhten die kaiserlichen und königlichen Hoheiten auszuharren, bis die Reise losging.

1866 2006
140
ÉVES A BUDAPESTI
ÁLLATKERT

Linke Seite:
Nicht zufällig meint man einen orientalischen Tempel zu betreten: Der Architekt Kornél Neuschloss-Knüsli verwendete bewusst asiatisch anmutende Stilelemente, als er den Eingang zum Zoologischen Garten entwarf. Zwei Elefantenpaare tragen den Torbogen.

Schach: Eine nationale Leidenschaft, spannend und doch preiswert. Wie sagt der Liebhaber: „Ein schlechter Tag mit Schach ist besser als ein guter Tag auf der Arbeit." – Schachspieler im Stadtwäldchen.

Wie der Wiener Wurstelprater, nur kleiner, ist auch der Vidámpark in der Nordecke des Stadtwäldchens Városliget ein ganzjährig geöffneter Rummelplatz mit verschiedenen Attraktionen, darunter einem Karussell von 1906, das, wie vier weitere Fahrgeschäfte, unter Denkmalschutz steht.

Seite 106/107:
Das Földtani Intézet, das Geologische Museum, ist in einem großzügigen Bau angesiedelt, der von ferne an ein englisches Herrenhaus erinnert. Erbaut wurde es 1898/99 vom Meister des ungarischen Jugendstils Ödön Lechner.

Der Marmorsaal des Museums der Bildenden Künste (Szépmıvészeti Múzeum). In diesem Hause sind 100 000 Kunstwerke untergebracht. Besonders stolz ist man auf sieben Gemälde von El Greco. Es gibt außerdem eine ägyptische, griechische, römische und italienische Abteilung.

Rechte Seite: *Das Ethnographische Museum, seit 1975 untergebracht im ehemaligen Justizpalast. Eindrucksvoll wie das Gebäude selbst sind auch die Schausammlungen dieses Museums, das mit seinen 139 000 ungarischen und 53 000 ausländischen Objekten zu den größten seiner Art in Europa gehört.*

Den Restauratoren im Museum der Bildenden Künste unter Chefrestaurator Miklós Szentkirályi geht die Arbeit nie aus. Der Grundbestand des Museums geht auf eine Sammlung der Familie Esterházy zurück, die 1870/71 durch den ungarischen Staat angekauft wurde.

WOHNZIMMER DER POETEN –

„Ein großes Kaffeehaus in Budapest ist ein Ort, an dem man fast alles kann, außer schlafen", weiß der Budapester Schriftsteller György Sebestyén (1930–1990) wohl aus eigener Erfahrung. Und er zählt einige Beispiele auf: „essen, trinken, Zeitung lesen, Briefe schreiben, Briefe empfangen, Geschäfte machen, Damen kennen lernen, Damen stehen lassen, Karten spielen, sich die Hände waschen, sich einen Knopf annähen lassen, telefonieren, plaudern, sich vor dem Gerichtsvollzieher und anderen unliebsamen Besuchern verborgen halten."

Als die Wohnungen der Menschen noch kleiner und kälter waren als heute und kein Fernsehprogramm Unterhaltung bot, da lockte das Kaffeehaus (Kávéház) mit seiner Abwechslung. Um das Jahr 1900 zählte man 600 Cafés in der ungarischen Hauptstadt, wie das weltbekannte „Gerbeaud", wo einst die Cognacbohne erfunden wurde, das 1400 Quadratmeter große „Hauer" oder das wohnzimmerkleine „Ruszwurm" aus der Biedermeierzeit. Die meisten Kaffeehäuser sind traditionsreiche Institutionen, vom „k.u.k."-Geist geprägt – was die Humoristen gern mit „Kaffee und Kuchen" übersetzen. Der Kaffee wird auf mancher Speisekarte in bis zu 75 Variationen angeboten (die meisten durch den Zusatz von Spirituosen verfeinert), am typischsten aber dürfte der Dupla fekete sein, der doppelte Schwarze, ein extra starker Mokka. Und wer kann der Versuchung widerstehen, dazu ein Stückchen Torte zu genießen? Dazu gibt's gratis das „Sehen und gesehen werden", ob man nun ins „Eckermann" geht, in die Cafés „Incognito", „Centrál", „Mozart", „Komédiás" oder ins frisch renovierte und 2006 wieder eröffnete „New York", das dem Dichter Milo Dor besonders lieb war. Der Name dieses Cafés, meinte er, spreche sehr beredt vom Drang der Budapester „aus der Enge ihres Binnenlandes und ihrer Sprache auszubrechen und in die weite Welt zu ziehen."

Links:
Klassisches Gedeck im Café Centrál: eine Tasse frisch gebrühter Kaffee mit einem Glas Wasser, und ein Stück Torte. Das Café Centrál ist auch ein Restaurant.

Oben:
Die traditionsreiche Geschichte des weltberühmten Café Gerbeaud begann 1858 mit Henrik Kugler. Er eröffnete in Pest eine Konditorei. 1870 verlegte Kugler sein Geschäft an den Vörösmarty tér. Noch heute erstrahlt das legendäre Kaffeehaus im Stil der Gründerzeit.

KAFFEEHÄUSER IN BUDAPEST

Rechts oben:
Verführerische Tortenauswahl im Café New York (in kommunistischer Zeit hieß es „Café Hungaria"). Mehr als zwei Dutzend unterschiedlicher Torten sind in guten Cafés die Regel.

Rechts:
Der Besuch wird zum Erlebnis: Frisch renoviert erstrahlt das traditionsreiche Café New York in neuem Glanz. Es existiert seit 1894 und war einst ein Zentrum der Literatur.

EIN HAUCH VON SCHWERMUT

Zu denen, die es nicht in der Heimat gehalten hat, gehören berühmte Schriftsteller, wie etwa Sándor Márai, der in Budapest sein Studium begann, aber schon als junger Mann das damals politisch rechtsgerichtete Ungarn verließ. Andere Literaten sind untrennbar mit Budapest verwoben, Ferenc Molnár etwa, der Dichter des „Liliom", der über Ungarn behauptete, in diesem Land könnten viel mehr Leute schreiben als lesen. Sein 1907 erschienenes Jugendbuch „Die Jungen von der Paulstraße" verspricht bis heute anrührende Lektüre. Das Werk endet mit der Erkenntnis des kleinen Boka, der nach dem Tod seines Freundes auf einmal eine Ahnung davon bekommt, „was dieses Leben eigentlich ist, dessen kämpfende, bald heitere, bald traurige Diener wir alle sind".

Ein Hauch von Schwermut schwebt über der ungarischen Literatur. Imre Kertész, Literaturnobelpreisträger von 2002, beschreibt einmal eine symbolische Szene: „Es regnet. An einem Tisch im Kaffeehaus erklärt ein Mann einer Frau etwas, das sich nicht erklären lässt." Doch Poeten geben nicht so leicht auf, und sie schreiben gegen die Sprachlosigkeit an. Auch die im deutschsprachigen Ausland wahrgenommenen Autoren wie Péter Esterházy, György Konrád oder György Dalos werden manche Zeile im Kaffeehaus notiert haben. Im früheren Café Pilvax, einer Keimzelle der Revolution von 1848/49, dichtete der Nationalheld Sándor Petőfi (den Heinrich Heine für einen begnadeten „Bauernjungen" hielt). Am 15. März 1848 deklamierte Petőfi auf den Stufen des Nationalmuseums in Budapest sein Nationallied: „Auf! Die Heimat ruft, Magyaren!" Wenn möglich, zog es Petőfi jedoch in die Provinz: „Um mich her der Großstadt / lärmend wirres Treiben, der gestaltenbunten, / aber in Gedanken weile ich unablässig / dort im Tiefland."

Der Schriftsteller Andor Gelléri hingegen setzte sich intensiv mit Budapest selbst auseinander, seiner Stadt, mit der man nicht so schnell fertig wird, von der man aber auch nicht lassen kann: „Der Schauplatz: Mittel-Europa. Richtiger: eine der großen Städte, die mit B anfangen. Eine Reihe von Wörtern fängt mit B an: Beschluß, Brutalität, Bereitschaft, Barmherzigkeit, Befriedigung, Bangigkeit der Bangigkeiten! – O, freundlicher Leser, nimm das Wort, das du dafür willst!"

Unten:
Die Ungarische Staatsoper ist eines der prachtvollsten Beispiele der Neorenaissance-Architektur im Stadtteil Pest. Das von 1875 bis 1884 errichtete Gebäude war seinerzeit das modernste Opernhaus Europas.

Rechts oben:
Die Königsstiege. Die Budapester Oper gilt als eines der Meisterwerke ihres Architekten Miklós Ybl. Kenner zählen sie zu den schönsten Opernhäusern der Welt.

Rechts unten:
Selbst bei geschlossenem Bühnenvorhang gibt es viel zu sehen. – Gustav Mahler amtierte hier als Operndirektor von 1888 bis 1891; Otto Klemperer und andere Berühmtheiten schwangen hier den Taktstock. Sogar Puccini dirigierte hier zweimal Premieren seiner eigenen Opern.

Rechts:
Die Franz-Liszt-Musikhochschule wurde 1875 gegründet; ihr erster Präsident war Franz Liszt. Sie dient nicht nur der Ausbildung, sondern ist auch Zentrum des Konzertlebens in Budapest.

Ganz rechts:
Budapests Charme gründet auf den Prachtbauten der Belle Epoque und des Jugendstils. Doch auch Details an Wohnhäusern tragen ihren Anteil zum „Gesamtkunstwerk“ Budapest bei. – Mosaik am Gebäude József Attila utca 24.

Unten:
Gründerzeitliche Fassade an der Ecke Király utca/Kertész utca.

Oben:
Wie ein Märchen aus dem Orient: Der großzügige, 700 Plätze fassende Zuschauerraum des Uránia-Kinos, dessen Interieur im maurischen Stil dekoriert ist. 1895 als Kabarett Orfeum erbaut, dient die Stätte seit 1916 als nationales Filmtheater (Uránia Nemzeti Filmszínház).

Links:
Foyer des Uránia-Kinos. Da das Ungarische einer relativ kleinen Sprachfamilie angehört, werden die meisten ausländischen Filme ohne Synchronisation mit Untertiteln versehen, doch die Zahl der einheimischen Produktionen wächst stetig.

BÉRELHETŐ:
06-209256-158
gorenje
1077 Budapest, Dohány u. 20.
IKEA
Hotel
Marco Polo
TAXI

Links:
Detlev Lücke erzählt ein Stück neuere Geschichte anhand einer Straße: „Mein Hotel heißt ‚Metropol' und befindet sich in der Rákóczi utca, die zur Donau führt. Gegenüber liegt das altehrwürdige ‚Palace'-Hotel. Es ist geschlossen. Das ganze Haus steht grau und leer, es ist nicht auszumachen, ob das Gebäude abgerissen oder renoviert werden soll."

Unten:
Noch immer wirft die Vergangenheit ihre Schatten in die Gegenwart. Daran erinnert das „Haus des Terrors". In diesem Gebäude an der Andrássy utca befand sich das berüchtigte Foltergefängnis der kommunistischen Geheimpolizei.

Oben:
Eine traditionsreiche Bühne in einem neobarocken Gebäude ist das Vígszínház (Lustspieltheater) am Szent István körút (St.-Stephans-Ring) auf der Pester Seite.

M

Linke Seite:
Das East-West Business Center. – Budapest lebt nicht nur vom Glanz vergangener Epochen, auch moderne Architektur prägt inzwischen die Stadt. Das gefällt nicht jedem. Der Autor Wilhelm Droste klagt: „Budapest wird zu einer europäischen Mustermetropole demoliert.“

Wilhelm Droste meint, die Stadt Budapest „konnte sich nie darauf verlassen, dass das Gesicht, mit dem sie am Abend einschläft, noch dem ähneln wird, das am nächsten Morgen vor den Spiegel tritt.“ – Ein Bürogebäude, 1990 nach dem Ende der sozialistischen Ära erbaut.

Vom „Gespenst des Kommunismus“ schrieben einst Karl Marx und Friedrich Engels. Das skurrile Freilichtmuseum Szoborpark an der Balatoni út birgt 42 Denkmäler aus der „Diktatur des Proletariats“: heroische Arbeiter, heldenhafte Vaterlandsverteidiger, Marx und Lenin und andere. Eine Gedenkstätte zur Erinnerung an den kommunistischen Spuk. – Der Initiator der Sammlung schreibt: „In diesem Park geht es um die Diktatur. Aber in dem Moment, wo darüber gesprochen, geschrieben und er gebaut werden kann, wird es um Demokratie gehen. Denn nur die Demokratie bietet uns die Gelegenheit, frei zu denken; über die Diktatur – und über die Demokratie und über alles andere.“

Im heutigen Óbuda lässt sich der Beginn der Budapester Geschichte besichtigen: das antike Aquincum. Die Stadt war zwischen 106 und dem Ende des 4. Jahrhunderts Hauptstadt der römischen Provinz Pannonia, denn sie lag an der natürlichen Grenze Pannoniens, der Donau.

REGISTER

RÉZMÁL
Garas u.
Kisrókus u.
Bimbó út
Mechwart Liget
ORSZÁGÚT
Fillér u.
Margit körút
Retek u.
Csagolány u.
Hattyú u.
Moszkva tér
Városmajor
Krisztina körút
Vérmező út
Kriegsmuseum
Atilla út
KRIZSTINAVÁROS
Vérmező
Südbahnhof
Alkotás u.
Nagyenyed u.
Böszörményi út
Márvány u.
Győző u.
Mészáros u.
Naphegy tér
Gesztenyés Kert
Hegyalja út
Budaörsi út
Villányi út

ÚJLIPOTVÁROS
TERÉZVÁROS
LIPÓTVÁROS
ERZSÉBEZVÁROS
BELVÁROS
JÓZSEFVÁROS
FERENCVÁROS
GELLÉRT-HEGY
Museum der Bildenden Künste
Westbahnhof
Keletázsiai Museum
Kodály Museum
Ráth György Museum
Ethnografisches Museum
Parlament
Puppentheater
Königsbad
Staatsoper
Akademie der Wissenschaften
Basilika St. Stefan
Madáchtheater
Burgtheater
Ludwig Museum
Nationalgalerie
Historisches Museum
Große Synagoge
Erkel Theater
Vigadó
Rathaus
Eötvös-Lóránd-Universität
Semmelweis Museum
Innerstädtische Pfarrkirche
Petőfi Literaturmuseum
Nationalmuseum
Pázmány-Universität
Raizenbad
Gellért-Denkmal
Zitadelle
Markthalle
Kunstgewerbemuseum
Gellért-Bad
Margit hid (Margaretenbrücke)
Széchenyi Lánchid (Kettenbrücke)
Erzsébet hid (Elisabethbrücke)
Szabadság hid (Freiheitsbrücke)
Duna (Donau)
Szent István körút
Teréz körút
József körút
Ferenc körút
Károly körút
Múzeum körút
Vámház körút
Andrássy út
Rákóczi út
Üllői út
Váci út
Bajcsy Zsilinszky út
Hegyalja út
Szabadsajtó út
Nyugati tér
Oktogon
Kodály körönd
Hősök tér
Kossuth Lajos tér
Szabadság tér
Roosevelt tér
Erzsébet tér
Deák F. tér
Clark Ádám tér
Kálvin tér
Fővám tér
Döbrentei tér
Köztársaság tér
Tabán
Jubileumi Park
Germanus Gy. Park

Im Park des Nationaltheaters sind lebensgroße Statuen der hervorragenden Gestalten der ungarischen Theaterkunst zu sehen, jeweils in einer ihrer legendären Rollen. Die Schauspielerin Hilda Gobbi (1913–1988) ist die Einzige, die „in Zivil" vom Ufer aus, auf einer Bank des Theaters sitzend, ihren Blick auf das Gebäude richtet. – Und jeder darf neben ihr Platz nehmen…

Impressum

Buchgestaltung
hoyerdesign grafik gmbh, Freiburg

Karte
Fischer Kartografie, Aichach

Printed in Germany
Repro: Artilitho, Trento-Lavis, Italien
Druck und Verarbeitung: Offizin Andersen Nexö, Leipzig

ISBN 978-3-8003-1759-2

Unser gesamtes Programm finden Sie unter:
www.verlagshaus.com

Fotograf
János Kalmár *lebt und arbeitet als freier Fotograf in Wien. Er ist Bildautor zahlreicher Bildbände. Schwerpunkte seiner Arbeit sind kulturhistorische Themen, Landschafts- und Städteportraits.*

Autor
Georg Schwikart *lebt als freier Schriftsteller und Publizist in Sankt Augustin bei Bonn. Neben seinen zahlreichen Büchern und Beiträgen für Anthologien, Zeitungen und Magazine ist er auch für Rundfunk und Fernsehen tätig. Im Verlagshaus Würzburg sind von ihm bereits Bücher über Ägypten, die Bretagne, Rom und die Türkei erschienen.*

Stürtz